Hans-Jürgen Hufeisen

Kraft des Segens

Worte und Melodien
aus Irland

Inhalt

Einladung — 5

1
HAUSSEGEN
Im Gebetshaus Gallarus — 8

2
SEGEN FÜR DEN TAG
Behütet sein auf allen Wegen — 14

3
ABENDSEGEN
Schutz im Ring gewaltiger Mauern — 24

4
SEGEN DER NATUR
Von der Grünkraft der Insel — 32

5
GOTT SEGNE DAS FEUER
Torffeuer und Moorlandschaften — 40

6
DER SEGEN DER KREISENDEN ZEIT
Das Rondo der Seele — 48

7
VOM SEGEN DER RUHE
Der Dolmen – Ein Ort der Kraft			58

8
VOM SEGEN DER MUSIK
Musik umgibt mich
wie ein hüllendes Kleid			64

9
SEGEN DES SONNENKREUZES
Vom tiefen Frieden
über weitem Land			72

10
GOTT SEGNETE DEN SIEBENTEN TAG
Der Schöpfungssegen			80

Zu den Musikstücken der CD			86

Zum Autor			87

Bildnachweis			88

Einladung

Möge die Straße dir entgegenkommen.
Möge der Wind dir immer im Rücken sein.
Möge die Sonne warm auf dein Gesicht scheinen.
Möge der Regen sanft auf deine Felder fallen.
Und bis wir uns wiedersehen,
möge Gott dich in seiner Hand halten.

Lange schon faszinieren mich die irischen Segenswünsche und ganz besonders die keltische Musik. Eine Faszination, die ich mit zahlreichen Menschen teile. Auf vielen Reisen nach Irland habe ich Orte entdecken dürfen, in denen unvergleichlich schöpferische Kraft liegt. Ich fing selbst an, nach alten irischen Texten und Segensworten zu suchen. Immer mehr verstehe ich, warum von diesen Segensworten eine solche Ausstrahlung ausgeht. Es ist die Ursprünglichkeit der Spiritualität, hervorgegangen aus der Kraft der Naturgewalten. Es ist die sinnlich-körperliche Berührung. Es ist das tägliche Leben, das sich mit der mystischen Welt wie selbstverständlich verbindet. Es ist die Grünkraft der Insel, die in die Segensworte eingegangen ist.

Die Kultur Irlands ist so alt wie die des Alten Ägypten. Die keltischen Mönchssiedlungen waren im ersten Jahrtausend zugleich Kornkammern der Vergangenheit und Geburtsort der Zukunft. Nicht nur Rom und Jerusalem waren im 6. Jahrhundert Pilgerziele. Tausende von Menschen wanderten nach Westen, in die weltbekannten Klosterzentren geistlichen und gelehrten Lebens. Viele Reisende, die sich heute zu diesen Orten aufmachen, haben Sehnsucht nach spirituellen Erfahrungen, nach religiösen Werten, sie sind auf der Suche nach den Wirkungsstätten ihrer Vorfahren, mit denen sie sich geistig verbunden fühlen.

Irland, die grüne Insel mit ihren vielen Kraftorten: Steinkreise, Klosterruinen auf dem Land und Felseninseln im Ozean, Sonnenpaläste, Dolmen-Gräber, keltische Schriften und Kultobjekte, wundersame Steinstelen, einsame Gebetshäuser, schmale hohe Rundtürme, zerfallene Burgruinen und die berühmten hohen, mit Ornamenten verzierten Sonnenkreuze. Manche dieser Stätten sind so ursprünglich, als habe seit Anbeginn der Zeit kein Mensch sie betreten. Atemberaubend schöne und einsame Landschaften brachten mir das Staunen bei, mal karg und wild, mal tropisch üppig, mal vom Meer umtoste Felsklippen und lange Sandstrände. Irland, das gastfreundliche Land, lädt uns ein mit seinen bunten Häusern, den Pubs mit dem „Wasser des Lebens" – dem *Irish Whiskey* und dem berühmten schwarzen *Guinness*-Bier, es ist das Land der Geschichtenerzähler und Dichter, der Musik mit keltischer Harfe, Fidel, Flöte und Trommel. Auf ihre Heiligen – die berühmtesten sind Brigid, die Schutzpatronin Irlands, Patrick, Columban, Kilian und Brendan – sind die Iren stolz. Alles zeugt von einer beseelten Insel, und der Himmel über ihr scheint voll von Segen zu sein. Die irischen Segenswünsche erzählen davon.

Und keltische Barden aus Bretonien, Schottland, Wales, Cornwall und Irland verfassten eindrucksvolle Melodien. Für die CD-Produktion, die diesem Buch beiliegt, habe ich aus dem Musikschatz der Barden eigene musikalische Bearbeitungen und auch sinngemäß Neues dazu geschaffen. Mögen die Klänge und die Segenswünsche dieses Musikbuches Ihre Herzen öffnen.

Hans-Jürgen Hufeisen

Haussegen

IM GEBETSHAUS GALLARUS

Sei mein Freund, du Schöpfer der Welt.
Du schenkst mir die Erde
und darüber den Himmel als Dach,
Erhelle meinen Tag
wie das Glitzern auf den Wogen der See,
wie das Grün der Blätter der Bäume,
wie das Gewand eines Engels.
Behüte mein Haus, behüte mein Tun.

DAS ORATORIUM

Staunend stehe ich vor einem prähistorischen Haus aus Stein, dem *Gallarus-Oratorium*. Mönche formten ein Gebetshaus durch feinst ineinandergefügte Steine. Die fünf Meter hohe steinerne Kapelle ist auf einem annähernd quadratischen Grundriss errichtet. Kein Mörtel verbindet die Steine, und seit Jahrhunderten konnte kein Regentropfen die Mauern und das Dach durchdringen. Ein schmaler Eingang im Westen und ein kleines halbkreisförmiges Fenster in der Ostwand erlauben der Sonne, Licht und Wärme zu spenden. Der Inspiration eines frühen Baumeisters aus dem 8. Jahrhundert verdanken wir es, dass das kleine Gebetshaus aussieht wie ein umgekehrter Bootsrumpf, als ob das Schiff in den Gewässern des Himmels führe. Die harmonische Aura des Bauwerkes fasziniert. Es ist, als ob sich darin das Bild der umliegenden Hügel spiegelt, als wollten auch sie mit ihren Spitzen den Himmel berühren.

SEGNE MEIN HAUS

Du Sohn der Maria,
segne mein Haus,
segne alle, die darin wohnen.
Segne mich,
wenn die Sonne steigt
und sie sich wendet,
sei um mich wie der Lüfte Wehen.
Segne meine Augen,
segne meine Hände.

Das Gebetshaus steht auf einer grünen Anhöhe auf der paradiesisch wirkenden *Dingle-Halbinsel* mit Blick auf das Meer, beschützt vom hohen Berg des heiligen Brendan. Um der Stille des Ortes und der Wirkung der vollendeten Gestalt des Bauwerkes zu begegnen, ging ich an einem frühen Abend in das Innere des Gebetshauses. Die Abendsonne schien durch die Tür. Im gegenüberliegenden Fensterchen sah ich das Grün des Hügels. Der Raum nahm mich auf. Der Raum wirkte. Ich war anwesend. Die innere Ordnung eines jeden Steines im Verhältnis zum Ganzen gab mir das Gefühl, hier stimme alles. Die Baumeister schienen in meiner Seele weiterarbeiten zu wollen. Die Resonanz des Raumes ließ mein inneres Ohr aufhorchen. Die Stätte gewann in mir an stimmiger Gestalt.

IN DER WOHNUNG DEINES HAUSES

Vielleicht könnte ich hier dem Geheimnis des Betens begegnen. Im Schweigen atmete ich den Geist der Vorfahren ein: das Gleichnis eines Schiffs, die Geborgenheit einer Gebetsstube, die Beständigkeit des Raumes, das dem Orient zugewandte Fenster für die Morgenmeditation, die Tür im Westen für die Abendverbeugung, Geborgenheit für die stürmischen Zeiten auf der Fahrt des Lebensbootes.

In dem sanft beleuchteten Raum spielte ich mit der Flöte, ja ich betete mit meiner Musik. Und der kleine Raum nahm die Musik auf und trug sie hinaus zu den Feldern und Bergen und Seen. Wie der Sonnenstrahl legte sich der Flötenklang über sie.

> In der Frühe preise ich deine Schönheit.
> Am Mittag erfülle ich dein Werk.
> Am Abend ruhe ich – in der Wohnung deines Hauses.
> Gib, Schöpfer der Erde,
> mir und allen Menschen deinen Segen.

DEINE SEELE WIE EIN STILLER SEE

Möge das Wasser einer Quelle dich erfrischen,
schon am Morgen, wenn die Lerche singt.
Möge deine Seele sein wie ein stiller See,
rein und glatt und tief und klar.
Möge darauf das Licht der Sonne blinken
für des Tages Lebenskraft.
Möge sich darin das Abendrot des Himmels widerspiegeln,
vor Gottes Schönheit neige sich dein Herz.
Möge sich darin der Glanz der Sterne finden,
Gottes Geist in deinem Geist.
Möge sich daraus dein Traum erheben
als des Himmels Leuchten tief in dir.

MEIN GAST

Ein Fremder in meinem Haus:
Ich teilte mit ihm die Speise,
ich bot ihm Wein zum Trank
und spielte Musik für sein Ohr,
und im geheiligten Namen der Dreieinigkeit
segnete er mich und mein Haus,
mein Vieh und meine Lieben.
Da hörte ich die Lerche
verkünden in ihrem Lied:
Oft, oft, oft geht Christus in fremder Gestalt.

Segen für den Tag

BEHÜTET SEIN AUF ALLEN WEGEN

Lasst uns himmelwärts lieben,
lasst uns himmelwärts verlangen,
lasst uns himmelwärts singen:
Wir leben als Wanderer auf einem Weg,
als Pilger, als Gäste der Welt.

Nach dem hl. Columban

DEN TAG ALS RAUM BEGREIFEN

Im Altirischen hat der Tag eine spirituelle Bedeutung. Ein neuer Morgen ist der Beginn eines neuen Anfangs. Für die Kelten begann der Tag ja in der göttlichen Natur, umgeben von Wiesen, Wald, Flüssen und Tieren. Weite Landschaften, weit die Zeit und weit der Augenblick. Die Natur war für den Mensch nichts Materielles, sondern die „leuchtende Gegenwart des Tages voller Tiefe und Schönheit". Was wäre, wenn wir so den Tag als eine räumliche Dimension betrachten würden? Kein Käfig, keine geschlossenen Arbeitsräume. Und wenn der Arbeitstag vorbei ist, sprechen wir vom Feierabend. Damit beginnt sozusagen endlich das Leuchtende des Tages. Warum nicht schon während des Tages?

Die Herkunft des Wortes „Tag" im Deutschen (oder *day* im Englischen) geht wohl zurück auf eine indogermanische Wurzel, *dheg*, die „brennen" bedeutet. Daraus lässt sich die ursprüngliche Bedeutung ableiten: „die Zeit, in der die Sonne brennt". Der Tag ist der Zeitraum zwischen Sonnenaufgang und Sonnenuntergang.
Ein irischer Bauer singt am Morgen sein Lied, ein tägliches Ritual:

KRAFT FÜR DIE ARBEIT

Gott, du Licht der Frühe,
der neue Tag ist deine Liebesgabe für mich.

Gott, du Schöpfer des Morgens,
gib mir genügend Arbeit in den nächsten Stunden,
damit ich dir diene, aber nicht so viel,
dass ich kein fröhliches Lied anstimmen kann.

Gott, du Hüter des Kraft,
möge der Südwind sanft durch mein Herz wehen,
damit ich ebenso sanft zu jedem bin.

Gott, du Glanz des Tages,
möge die Sonne in meine Gedanken scheinen,
damit sie zum Bild deiner Gedanken werden,
edel und gut.

EIN ANDERER WEG

Wir sind heute viel unterwegs, auf vielen Straßen. Schnell lebt die Zeit. Vieles muss zugleich erledigt sein. Auf digitalen Straßen eilen wir durch die Netze: Gedanken, Wissen, Infos und News. Da tut es gut, einmal einen anderen Weg einzuschlagen, um die Kunst der Langsamkeit zu erleben. Seit vielen Jahren führe ich Reisen zu beseelten Orten, zu Orten der Kraft, zu Plätzen der Natur. Es ist dann ein anderes Tun und Sein und ein anderes Hinausgehen in die Welt. Es bietet die Chance, sich anders zu erleben, befreit vom täglichen Tun und Handeln: mit den Augen neu schauen, mit dem inneren Ohr neu auf sich selbst hören. Das tut gut! Wir nehmen uns an jedem Ort Zeit und lassen die Eile ruhen. Dabei entdecken wir den Segen der Kultur, die Kraft magischer Stätten, die Heilkraft grüner Landschaften, die unendliche stille Zeit in den Ruinen und das Gehen und Kommen der Gedanken mit den Wellen des Ozeans.

Die unendlich weiten Flächen geben uns zurück, was wir in der Enge unseres Lebens fast verloren haben – das Atmen im weiten und leeren Raum unzerstörter Natur. Für mich sind es beseelte Orte und zugleich Kraft des Segens. Kann der Weg selbst schon zum Segen für mich werden? Ja. Unbedingt.

KRAFT FÜR DEN TAG

Ich lege an
die Kraft des Himmels,
das Licht der aufgehenden Sonne,
das Antlitz des vollen Mondes,
den Glanz des Feuers,
den Schrecken des Blitzes,
die Schnelle des Windes,
die Tiefe der See,
die Verlässlichkeit der Erde,
die Eile eines Steines.
Bei der Dreieinigkeit,
Gott gebe mir Schutz.

Nach dem hl. Patrick

Wenn wir in die Welt hinausgehen, um Neues zu schauen, kehren wir zurück zu den Ursprüngen, zu den Wurzeln, zu denen es uns zieht. Mag sein, dass die Faszination von frühen Stätten der Kultur aus einer Art Heimweh rührt: Wir suchen die Vergangenheit, um das Jetzt, das Morgen und letztlich uns selbst verstehen zu lernen. In der Fremde lauschen wir neuen Klängen und entdecken, dass unsere Seele dafür eine Resonanz hat. Geschwungene Dünenlandschaften, brechende Wellen, grüne Wiesen, hohe Bergketten oder karge Steinwüsten - sie alle wirken wie große Melodienfolgen, gespielt mit dem Bogen auf einer Geige oder geblasen auf einer Flöte.

Der Klang unserer Sehnsucht findet einen Widerhall an den Orten der Kraft. Gerade auch die Begegnung mit Menschen dort ist es, die bestimmte Plätze auf unserer Erde für uns beseelt. So betritt der Fuß immer wieder heiligen Boden.
Ich möchte Mut machen, den Alltag zu durchbrechen. Brechen wir auf! Möge es eine Reise werden zu den heilenden Kräften in uns selbst – im Einklang mit den Plätzen der Natur. Eine gute Einübung, um Frieden mit unserer Erde zu gewinnen ...

KRAFT FÜR DIE REISE

Der du im Himmel wohnst,
die Tiefen der Meere kennst:
Brenne uns dein Siegel auf.
Lass uns stark sein vor dem Wind,
damit wir ankommen in Frieden.
Führe uns durch wilde Wogen
zum sicheren Hafen hin.
Du Gott aller Elemente, wir loben dich.
Du Gott aller Elemente, segne uns.

Worte eines irischen Mönchs
Übertragung nach einer irischen Überlieferung

SCHWANENSEGEN

Du bist der junge braune Schwan,
und schon gehst du in die große Welt,
ohne Furcht und ohne Last.
Neun auserlesene Gaben
legen wir vor dich hin:
Kraft, Stimme und Glück,
Güte, Ansehen und Nächstenliebe,
Aufrichtigkeit, Ehre und Frohsinn,
neun Gaben als dein wahres Gepäck.

Du bist der junge braune Schwan,
und schon gehst du in die große Welt,
höre und sieh mit deinem Herzen:
Du bist ein Schatten vor der Hitze,
ein Schutz vor Kälte, den Blinden ein Auge,
dem Wanderer ein Stab, eine Insel im Meer,
eine Festung im Land, eine Quelle in der Wüste
und eine Heilung für Verwundete.

So geh nun, du junger brauner Schwan,
in die große Welt
mit dem Segen der Sonne,
mit dem Segen des großen Auges Gottes.
Und am Ende tanze deinen großen Tanz
als weißer Schwan.

Nach einer gälischen Überlieferung
„Ladies of the Lake"

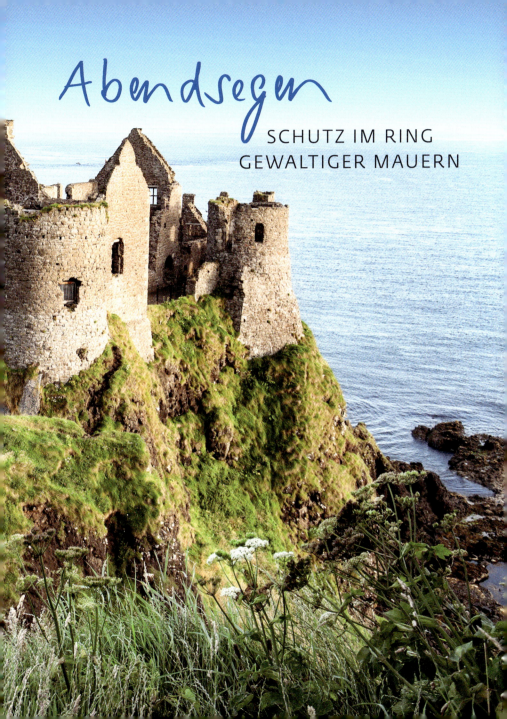

AUF DER INSEL INISHMORE

Nicht weit von *Galway* und der wildromantischen Landschaft *Connemara* liegt die Aran-Inselgruppe im Atlantik. Die Insel *Inishmore*, die größte der Aran-Inseln, beherbergt ein bauliches Wunderwerk. Ein schmaler Pfad führt zu einem der eindrucksvollsten vorgeschichtlichen Bauwerke Europas, dem Rundfort *Dùn Aengus*. In Irland gibt es einige Rundforts. Doch dieses übertrifft an Kühnheit alle anderen.

Beim Betreten der Anlage fällt auf, dass zwischen dem äußersten und mittleren Wall große scharfkantige Steine schräg im Boden eingerammt wurden – als würden Waffen zum Himmel zielen. Die Angst vor Angriffen muss groß gewesen sein. Ein Tunnel führt durch meterdicke Wallmauern hinein ins Innere des Rundforts. Die Überraschung ist groß: *Dùn Aengus* thront halbkreisförmig an den senkrecht abfallenden sechzig Meter hohen Klippen über der tosenden See. Es scheint so, als habe eine unsichtbare Macht die Hälfte des Rundfort durchschnitten und in den Ozean stürzen lassen. Direkt am Rand zum Abgrund befindet sich ein Plateau – wie ein Theaterpodium –, da, wo die Mitte des Bauwerks gewesen sein muss. Dieser Ort gab mir schroff zu verstehen: Ich habe die Macht mit den gewaltigen hohen Wallmauern und den eingerammten Steinspitzen. Wie tausend Trommeln donnert die Brandung, das Gebrüll des Meeres, als wolle es anstimmen zum Jubel für seinen Gott, den Meister der Gewalten.

SEGEN DES DRUIDISCHEN KREISES

Gott, begleite uns mit deinem Schutz
und im Schutz gib uns Tapferkeit
und in der Tapferkeit gib uns Weisheit
und in der Weisheit Sinn für Gerechtigkeit
und im Sinn für Gerechtigkeit die Zuneigung zu ihr
und in der Zuneigung die Liebe zu allem, was lebt,
und die Liebe zu Gott und zum Guten.

Kann hier ein Ort des Friedens sein? Ich setzte mich an jenem frühen Abend erst einmal auf das „Podium", am Rande der Klippen. Vor mir der Blick zum offenen Meer im Glanz der untergehenden Sonne und im Rücken schützend die drei gewaltigen Ringe der Festungsmauern. Vielleicht verstehe ich an diesem Ort, was es bedeutet, beschützt zu sein, standhaft zu sein, Mut zu haben, Tapferkeit zu erlangen, auf festem Boden zu stehen, den Bogen der Starken zu zerbrechen, sich mit Liebe zu erheben, in sich den Erzengel Michael zu tragen und die Macht der Ohnmacht zu erlangen. Ein Ort wie dieser ruft mein Inneres an: „Halte an und komm zu dir, Schutz ist genug da. Die dicke Mauer hält!" Ich fing an, die raue Schönheit des Ortes zu schauen, die starke Wirklichkeit. Ich tat nichts anderes als Zeit zu haben, dem Wind und den Wellen zu lauschen.

Das Ringfort *Dùn Aengus* wurde zum Ort der Kraft, an dem sich die Gegensätze treffen, die innere Ruhe und die mächtige Ausstrahlung der Festung. Sie scheinen miteinander vertraut zu sein. Ein Ort der Wandlung, ein kraftvoller Platz, der der Seele einfach guttut. Zum Abschied spielte ich an jenem frühen Abend mit meiner Blockflöte. Natürlich war die Flöte durch das Getöse des Meeres kaum hörbar. Doch das gewaltige Meer nahm auch meine zaghaften Töne auf. Die starken Mauern bewahren jeden Ton, auch den unhörbaren. Auch der Mond am Himmelsmeer erwachte und wachte über meine Wünsche und Träume.

INSELMEDITATION EINES IRISCHEN MÖNCHS

Das tue ich gern:
Geschützt auf einer grünen Insel,
vom hohen Felsenriff herab
dem weiten Meer nachsinnen,
so tief bewegt.
Seine gewaltigen Wellen sehen,
aufleuchtend in strahlendem Sonnenlicht,
voller Klang für ihren Vater, Gott aller Elemente,
eine unendliche Symphonie.
Und mit Ebbe und Flut
lasse ich für das, was war,
und für das, was kommt,
meinen Namen und meine geheimsten Wünsche
zurückkehren zu mir.

FLÖTENGESTALT

Jeder Ton meiner Flöte
hat die Gestalt einer Insel im Meer.
Der Horizont formt den Bogen der Melodie,
die Welle des Meeres den Rhythmus.
Die Sonne am Himmel gibt die Kraft,
der Wind über den Wassern den Geist.
Der Atem fließt durch das große Meer
und trägt den Klang weit in die tobende Welt hinaus.

ABENDSEGEN

O göttliches Wesen, du Hüter der Nacht,
borg mir dein Licht, damit das Dunkel bricht.

O strahlender Bote, du Freund des Lichts,
weise als Stern mir den Weg,
erhelle die Felsen, bescheine die See.

O schützender Geist, du himmlische Macht,
leite das Schiff durch die Wellen der Nacht.

O göttliches Wesen, du Hüter der Nacht,
borg mir dein Licht, damit das Dunkel bricht.

Segen der Natur

VON DER GRÜNKRAFT DER INSEL

Steh in der Erde wie ein Baum.
Sei wie das Wasser einer Quelle.
Sei lebendig wie der Wind.
Die Kraft der Sonne gibt dir Licht.
Die Liebe Gottes sei dein Glanz auf deinem Weg.

WIE EIN MÄRCHEN

Irland wird auch als die „grüne Insel" bezeichnet. Das ist wahrlich wahr. Viele grüne Wiesen, ein Paradies für die Schafe. Zauberwälder, Heimat für grüne Fabelwesen. Die Hingezogenheit zu den heiligen Bäumen und Gewächsen ist noch heute in Irland spürbar. Die „Feenbäume" sind im volkstümlichen Glauben die Treffpunkte des *kleinen Volkes*: Feen, Elfen und Kobolde. Die Fantasiewesen besitzen magische Kräfte, sie können Glück und Unheil über Menschen bringen. Der beliebtesten Treffpunkte der Fabelwesen sind Weißdorn und Esche.
Eine wahre Geschichte in den 1990er-Jahren macht deutlich, wie wichtig der Baum in der keltisch-irischen Tradition ist. Ein milliardenschweres Autobahnbauprojekt wurde in Angriff genommen, damit die Städte Ennis und Limerick verbunden werden. Doch ein unscheinbarer Strauch im County Clare sorgte für viel Ärger. Bewohner stellten sich vor den Bulldozer und protestierten gegen das Bauprojekt mit der Begründung: „Das ist Elfengebiet." Der „Elfenbeauftragte" in der Hauptstadt Dublin wurde informiert. Tatsächlich verfügte er einen Baustopp. Man machte sich sogar mit einer

Delegation nach Brüssel auf, um mehr Geld für das Projekt zu erhalten. Doch Brüssel lehnte ab. Das war gefundenes Fressen für die irische Presse. Eines Tages wollte ein aus Italien stammender Mann aus Ennis, der nicht an die Elfenwelt der Iren glaubte, den Baum fällen. Doch beim Sägen rutschte er aus und verletzte sich. „Ein klares Zeichen der Elfen", so die Anwohner. Wieder ging es nach Brüssel. Auch diesmal keine Zusage für zusätzliche Finanzen. Das Bauprojekt blieb über Jahre liegen. Jedoch wurde der Verkehr um den Baum herum umgeleitet. Nun sieht die neu geplante Strecke vor, dass die Feen ungestört dort weiterhin wohnen können.

BAUMSEGEN

Möge dein Leben sein wie ein Baum,
gepflanzt an einem Bach,
mit starken Wurzeln.
Mögest du im Wind des Lebens
stehen wie ein Baum
mit kräftigem Stamm.
Mögest du die Frucht deiner Tage
tragen wie ein Ast
aus Gottes Fülle.
Möge dein Glück als Segen
fallen wie ein Samen
auf gute Erde.

SEGENSLIED EINES IRISCHEN MÖNCHES

Die keltische Naturfrömmigkeit wirkte noch sehr lange nach, auch als die Iren Christen wurden.

> Draußen im Wald,
> da habe ich eine Hütte,
> niemand weiß davon, nur du, mein Gott.
> Die Esche und die Haselnuss sind meine Wände,
> die Baumkrone der Eiche mein Dach,
> als Eingang blühen zwei Heidebüsche,
> ein Geißblatt rankt über der Tür.
> Bei Wind und Wetter schüttet der Wald
> seine Nüsse mitten in meinen Hof
> und füttert mein Schwein.
> Meine Stube in meiner Hütte,
> na ja, die ist gar klein,
> darin kann ich mich drehen und wenden,
> selbst der kleinste Winkel ist mir vertraut.
> Und Morgens in der Frühe
> sitzt in ihrem schwarzen Kleide
> hoch oben auf meinem Giebel eine Amsel,
> sie singt und bringt neue Botschaft von dir.
> Lieber Gott, segne meine Hütte.

Mögen die fallenden Blätter
die Erde düngen und dem Baum neues Leben geben.
Möge die Zeit kommen,
dass die Blätter neu sprießen
und der Baum mit Blüten bedeckt sein wird.
Mögen die Wunden und der Schmerz des Baumes,
die seine fallenden Blätter verursachten,
geheilt sein.

Herbstlied eines Druiden

O König, dein ist der Baum des Lebens
in voller Blütenpracht,
umgeben von wundersamen Wesen.
Seine Äste und Wipfel ragen weit
über Wiesen und Felder des Himmels hin.
Ewig leuchtet das Grün der Blätter,
und ewig verschenken sie sich,
die reifen Früchte.
Lieblich ist die frohe Vogelschar,
die dich bewohnt,
als seiest du selbst ihr Paradies.
Und jedes große und kleine Geschöpf
schillert bunt mit hundert Federn.
Sie singen allesamt für jede ihrer Federn
wahrlich hundert Lieder, in Liebe,
strahlend rein.

Gebet eines keltischen Mönchs

BAUM DES LEBENS

Der „Baum des Lebens" hat in Irland tiefe Wurzeln im Bewusstsein des Volkes. Zur Zeit der Kelten galt der Baum als heiliges Wesen mit der Kraft des Grüns und verband Himmel und Erde. Mit der Christianisierung wurden die ersten keltischen Gesetze zum Schutz der Bäume aufgeschrieben. Mönche hielten das Wissen darüber fest, denn längst vor der Christianisierung war der Umgang mit Bäumen genau festgelegt. Die Gesetze sahen Strafen bei Zerstörung bestimmter Bäume vor. Eine Rangordnung der Bäume wurde festgelegt. Als die edelsten galten Eiche, Haselnuss, Ilex, Eibe, Esche, Kiefer und wilder Apfelbaum. Bäume waren auch der Platz für Versammlungen und in einer Siedlung Zentrum für die Gemeinschaft. Oft stand ein besonderer Baum in der Mitte. Druiden sprachen dort Recht. Der Baum war auch der Platz für Kranke, die Heilung suchten, und ein Ort für rituelle Feiern, denn schließlich stand er als Zeichen für Weisheit, Kraft und langes Leben. Mit seiner spirituellen Bedeutung schuf er eine Verbindung zwischen dem Jetzt und der zukünftigen ewigen Welt. Seine Wurzeln reichen tief in die Vergangenheit, bis hinab in die Unterwelt. Und seine Blätter dienen dem Leben, satt und grün. Das keltische Wort *dair* steht für die Eiche. Daraus wurde im englischen *door*, die Tür. Ob für die Kelten die Eiche als Tür zum Paradies galt, ist nicht sicher. Der irische Dichter *William Butler Yeats* (1865–1939) sah die Haselnuss als wahren Baum des Lebens.

Gott segne das Feuer

TORFFEUER UND MOORLANDSCHAFTEN

GLÜHE WIE TORFFEUER

Segen sei mit dir,
der Segen strahlenden Lichts.
Der Sonnenschein leuchte auf dir
und erwärme dein Herz,
bis es zu glühen beginnt
wie ein großes Torffeuer
und dein Freund nähertritt,
um sich daran zu wärmen.

Die Torflandschaften sorgten in Irland für viele Mythen und wundersame Geschichten. „Torf aus den Mooren ist für die Iren nicht nur Heizmaterial, er ist Teil ihrer Identität." Feuer war im alten Irland Lebensspender. In der kalten Jahreszeit wärmt es die Häuser. Feuer war auch für religiöse Rituale von großer Bedeutung. Was in der keltischen Zeit der Feuerkult war, kehrte in der christlichen Zeit zum Beispiel im Entzünden des Osterfeuers wieder. In vielen Religionen gilt Feuer als etwas Göttliches, Lebensspender und Lebensverzehrer. Feuer ist Lebenselement, und zugleich kann ein Brand das Leben unglaublich zerstören. In der keltischen Zeit war *Brigid* die Feuerheilige, die Herrin des Ewigen Feuers. Ihr Name wird aus dem Keltischen hergeleitet: *Breo-Saighit*, was ungefähr bedeutet „flammender und glänzender Pfeil". Da sie das Feuer am Leben erhält, gilt sie als Schutzpatronin der Schmiedekunst, der Heiler, Dichter und als Göttin der Weisheit.

Ich zünde das Feuer an
im Beisein der heiligen Engel,
in Gegenwart Ariels mit seiner strahlenden Schönheit,
in Gegenwart Uriels mit seiner brennenden Liebe.
Ich zünde das Feuer an
ohne Groll und böse Gedanken,
ohne Hass und Verachtung
für alles, was unter der Sonne lebt,
und mit dem Wunsch:

Allwissender,
zünde du in mir die Funken der Liebe an
für meinen Nachbarn und für meine Verwandten,
für Feind und Freund, für die Mutigen
und nicht zu vergessen den Schurken.
Du Sohn der Maria, segne mein Feuer.

EIN WEIHNACHTSHYMNUS

In Irland gibt es viele Moorgebiete. Noch heute wird Torf zum Brennen gestochen. So sind Bilder dieser Landschaft in die christliche Sprache der Iren eingegangen. Der Sohn Gottes, im Altirischen die „innere geistige Sonne", betrat die schwarze Erde:

> Zur Zeit, bevor Gottes Sohn gekommen,
> war die Erde ein schwarzer Morast,
> ohne Sterne, ohne Sonne, ohne Mond,
> ohne Körper, ohne Herz, ohne Form.
> Es erhellten sich die Ebenen, die Hügel,
> es erhellte sich die große grüne See,
> der ganze Erdkreis leuchtete auf,
> als Gottes Sohn zur Erde kam.

> Du Quelle des Friedens,
> sende deinen Boten Uriel.
> Mit ihm möchte ich anzünden
> die Flamme der Liebe in dieser Welt
> für die Kinder und ihre Eltern,
> für alle Rassen und Völker
> und auch für Tier und Mensch.

GESANG DER JÜNGLINGE IM FEUEROFEN

Das biblische Buch Daniel erzählt: Zur Zeit des babylonischen Königs Nebukadnezar wird auf Befehl des Herrschers ein goldenes Standbild von ihm aufgestellt, vor dem sich alle hohen Reichsbeamten verneigen und niederwerfen sollen, auch die drei jüdischen Beamten Hananja, Mischaël und Asarja (mit babylonischen Namen Schadrach, Meschach und Abed-Nego). Obwohl ihnen die Todesstrafe droht, weigern sich die drei, das Herrscherbild zu verehren. Sie bleiben stehen, selbst dann, als sie vor den König geladen werden. Wütend befiehlt der Herrscher, sie in einen Feuerofen zu werfen. Doch plötzlich sieht er im Ofen nicht drei, sondern vier Gestalten, keine davon verbrennt. Gott hat den dreien einen Engel geschickt, der sie vor den Flammen behütet. Da ruft der Herrscher die drei heraus und ehrt ihren Gott mit den Worten: „Es gibt keinen andern Gott als den, der so erretten kann" (Die Bibel: Daniel 3,39b).

1956 wurde von *Karlheinz Stockhausen* sein Werk „Gesang der Jünglinge im Feuerofen" uraufgeführt. Knapp 14 Minuten dauert das Werk. Das Werk gilt heute als Meilenstein in der Musikgeschichte. Erstaunlich ist das Fehlen des Interpreten auf der Bühne. Die Musik wird so zum Mittelpunkt des Geschehens. Aus vier Lautsprechern, ausgeklügelt im Raum verteilt, entsteht eine Klangwelt, die elektronisch gesteuert wird: Klangteile wandern durch Raum und Zeit, Klangfarben erschallen wie unter Wasser, schwebend wie die Luft, pochend wie wütende Herzschläge, eine Musik wie von einer anderen Welt. Eine vertraute glasklare Knabenstimme taucht wie aus unheimlichen Klangmassen empor. Musik und Sprache verschmelzen und verzehren sich wie im Feuer. Der „Gesang der Jünglinge im Feuerofen" ist das erste Werk, das eine menschliche Stimme mit elektronisch erzeugten Klängen vereint. Stockhausen schafft vor unseren Ohren ein Universum, ein Kosmos, in dem das Göttliche und die reale Welt sich treffen. Nichts ist zu sehen und doch bauen sich durch die Musik Bilder mit suggestiver Kraft auf. Ich wüsste nicht wie man den Vorgang dieser Feuergeschichte mit den drei Jünglingen hätte besser darstellen können. Auch, wenn keine Naturinstrumente zum Einsatz kamen, so ist selbst elektronisch erzeugte Musik schlussendlich irdische Energie. Sie ist Teil unsrer irdischen Feuerkraft der Elemente. Ein druidischer Segenswunsch beschreibt die ungeheuerliche Kraft von Feuer, die in der keltischen Kultur so gefürchtet und verehrt war.

FÜR DEINE LEIDENSCHAFT

Sei wie das Licht und die Glut,
das Feuer und der Brand.
Leuchte wie die Fackel und die Lampe
auf all deinen Wegen.
Sei wie Feuer unter dem Topf,
das aus dem Scheit leuchtet, rot, orange und gelb.
Strahle wie die Sonne,
denn ohne Licht wächst kein Blatt.
Leuchte wie das Spiel der Farben.
Deine Liebeskraft ist wie Feuer,
der Grundstoff, aus dem deine Seele gemacht ist,
deine geistige Kraft, deine Leidenschaft,
dein Zorn, deine Begeisterung.
Licht ist dein Kleid. Brenne für die Liebe.

FEUERSEGEN

Ich segne dich mit dem warmen Feuerschein
der Stunden deines Glücks.
Ich segne das rote Glühen deiner Sehnsucht.
Ich segne dich mit dem warmen Feuerschein
der Stunden deines Glücks.
Ich segne den leidenschaftlichen Glauben
an deine Berufung.
Gott segne dich.

Der Segen der kreisenden Zeit

DAS RONDO DER SEELE

STEINKREISE

Was wäre Irland ohne seine vielen Steinkreise? Die stummen Zeugen in einsamen Landschaften geben Kunde von Mensch und Kosmos, vom Leben der Menschen und vom Wirken der Götter aus der vorkeltischen Zeit und nicht nur aus dieser Zeit. Viele Menschen aus aller Welt fühlen sich heutzutage davon angezogen. In der Stadt *Kenmare* liegt ein Steinkreis, nur ein paar Schritte vom Stadtzentrum entfernt. Wie eine Kirche thront dieser Steinkreis im Zentrum der Kleinstadt. Vierzehn Steine sind um einen sehr großen Stein in der Mitte gesetzt. Und wie Kreise halt so sind – sie tun immer das Gleiche, sie ruhen und sagen nichts, sie stehen da, seit langer Zeit. Eine Zeitrechnung interessiert Steinkreise nicht. Warum auch – Zeit ist eine Idee der Menschheit. Bis heute, durch eine lange wechselvolle Geschichte, hat nie ein Mensch die Steine verrückt. Aus einem unerklärlichen Grund haben die Bewohner der Stadt eine innere Achtung davor.

Beim ersten Besuch im Steinkreis von *Kenmare* traf ich eine junge Frau an. Ihr Kleinkind, ein Mädchen, hatte sie auf den Stein in der Mitte gelegt, geschützt mit einer Decke. Das Kind schlief selig. Im Gespräch wurde klar, dass sie den Steinkreis mit ihrem Kind seit Wochen besucht. Der Steinkreis sei ein Ruheort und ist wie ein Segen für ihre Familie. Was für eine Erfahrung!

DER SEGEN IN DER KREISENDEN MITTE

Bei einem meiner Besuche im Steinkreis von *Kenmare* legte ich meine Flöten auf dem großen Stein im Zentrum des Runds. Meine Mitreisenden, meine Gäste, suchten sich ihren Stein im Außenkreis aus und nahmen dort Platz. Dann nahm ich eine der Flöten und ging spielend zum ersten Gast. Ich spielte ihm seine Melodie zu. Dann ging ich wieder zur Mitte zurück und nahm eine andere Flöte, ging weiterspielend zum nächsten Gast. Und dann wieder zur Mitte. Ich wiederholte das Ritual so lange, bis ich jedem Gast seine Melodie zugespielt hatte. Diese Erfahrung ist einmalig, nicht wiederholbar. Der Klang aus der kreisenden Mitte heraus wurde zu einer besonderen Kraft, zur Kraft des Segnens. Die gesetzten Steine gaben Halt und führten zur Ruhe. Es entstand eine Bewegung in der Ruhe und eine Ruhe in der Bewegung. Fast konnte man die Steine selbst singen hören – mit ihren lautlosen Liedern. Und eines weiß ich ja: Jeder Klang vergeht, um sich neu zu erfinden.

Nur von der Mitte aus ist ein Kreis zu verstehen, nur aus der Mitte heraus kann Kraft für die Welt wachsen. Zum kosmischen Kreis gehört die Betonung der Mitte. Von hier wird alles gehalten und durchstrahlt. Das Zentrum ist immer zugleich das Licht der Welt. Die Steinkreise in Irland erinnern mich an Kreisrituale in der deutschsprachigen Kultur, seien es der Tanz um den Maibaum, die volkstümlichen Kreistänze, der Tanz um das Osterfeuer, die Kreislieder und Kreistänze in der Musik des Brauchtums. Auch Musikbegriffe wie Rondo, Ritornell oder Gebete und Gesänge, die Litaneien, der Rosenkranz, der Adventskranz, Mantras – und noch vieles mehr könnte ich aufzählen. Wir leben im Rhythmus eines Kreises, wir leben in den Jahreszeiten, der Mond kreist um die Erde, die Erde mit ihrem Mond um die Sonne. Wir können uns dem Sog eines Kreises nicht entziehen. Vielleicht sehnen wir uns deshalb nach Kreisformen in unseren spirituellen Ritualen und Feiern und werden darin ein Glied des Weltenkreises.

Die Jahreszeiten sind wie ein Rondo der Seele. Das Vergehen und das Neuwerden können wir im Kreislauf des Jahres erleben. Darin können wir den Segen der Zeit spüren und annehmen. Für die Kelten waren die Jahreszeiten ein Abbild göttlicher Kraft. Ihre Rituale sind bis heute im christlichen Abendland präsent. Viele christliche Rituale und Symbole zu Feiertagen haben ihren Ursprung aus dieser Zeit.

Im Herzen des Frühlings lebt Sehnsucht.
Auch wenn nur eine Blume blüht,
ist überall Frühling.

FRÜHLING DES HERZENS

Frühling ist für mich wie das Entstehen einer neuen Musik. Das Wunder ist, dass erst einmal nichts da ist. Und aus diesem Nichts wachsen Töne zu Melodien. Die Melodien formen sich zu einem Klangbild, das in der Einmaligkeit seinen Sinn hat und stets Neues will. Komponieren ist eine Neuschöpfung und trägt in sich den Frühling. Ein irischer Mönch brachte von seiner Reise durch den vorderen Orient ein Lied mit:

> Am Anfang war das Nichts, die Leere.
> Da traf es ein Ruf,
> und es wurde Klang,
> und es antwortete:
> Ja! Hier bin ich!
> Ja, ich will mich froh zeigen,
> grün und frisch!
> Es hörte den Ruf des Schöpfers,
> der in der Urzeit erklang.
> Es fing an zu tanzen und zu kreisen,
> vom Rausch ergriffen.
> So wurden aus dem Nichts
> Herzen, Tulpen, Feigen.

Der Sommer bedeutet Zeit des Lichts,
Zeit des Gedeihens und Zeit der Ankunft.
Wir tanzen im Fluss unserer eigenen Natur.

SOMMER DES HERZENS

Meine erste Flötenstunde erhielt ich im Sommer im Wald, sitzend unter einem Baum. Geräusche des Windes blies ich mit dem Flötenmundstück hinaus. Die Finger bewegten sich auf und ab über die Löcher der Flöte, noch ohne jeglichen Ton, einfach so wie die Musik einer Trommel - wie das Klopfen des Spechts mit dem Schnabel an der Holzrinde eines Baumes. Es waren Geräusche der Natur, die ich in meiner ersten Flötenstunde nachahmte. Mit wurde erzählt, dass die Blockflöte vor langer Zeit ein Baum war. Die Blockflöte trägt ihren Namen aufgrund des Blocks, der am Mundstück so eingesetzt ist, dass eine Spalte frei bleibt. Durch diese Spalte treibt mein Atem ein Luftband gegen eine dünne Kante, das Labium. Dort bricht sich der Wirbel, und Resonanzschwingungen entstehen und dringen nach außen. Schwingungen entstehen nur dort, wo sich Widerstand bildet. Ohne eine gespannte Saite würde eine Geige stumm bleiben. Böte das Fell einer Trommel keinen Widerstand, so ginge meine Hand hindurch und nichts wäre zu hören. Stieße mein Atem nicht gegen die Schneidekante der Flöte, so wäre sie nur ein Stück trockenes Holz. Indem ich Widerstand begegne oder auch Widerstand biete, schaffe ich Kraft.

Was in die Erde unseres Herzens ausgesät wurde,
reift im Herbst zur Vollendung,
die Fruchtbarkeit des Glücks,
die goldenen Farben des Lebensbaumes.
Wir tragen die Früchte der Erfahrungen heim.

HERBST DES HERZENS

In der biblischen Überlieferung gibt es den Impuls, regelmäßig die Ernte ruhen zu lassen: das Sabbatjahr. Müssten wir ihn nicht auch in die Welt der Musik übertragen? Irgendwie sehne ich mich nach einer musikfreien Zone, einem Ort, an dem keine Musik klingen mag. Ich sehne mich nach einem Sabbatjahr in der Welt der Musik. Nichts soll gesät und nichts geerntet werden. Keine Worte werden für ein Lied geschrieben. Kein Ton. Keine Silbe. Kein Notenpapier. Ruhe besetzt die Tonstudios und Stille breitet sich aus in den Medien, Konzerthäusern, Stadien, Hallen und Kirchen. Ich möchte befreit werden vom Lärm in den Straßen, befreit von der stetig präsenten Musikberieselung, für ein neues musikalisches Bewusstsein, hoffnungsvoll für eine neue Spiritualität in der Musik! Ein Versuch, Musik wieder ganz neu empfangen zu können …

> Wenn es in unserer Seele Winter ist,
> tut es gut, sich zurückzuziehen,
> die Stürme vorbeiziehen zu lassen;
> sich der Geborgenheit zuzuwenden,
> dem Heilmittel der Natur.

WINTER DES HERZENS

Im alten Irland kam im Winter viel Leid über Menschen, wo Bewohner keinen Torf zahlen konnten und in der Kälte kein Feuer brannte. Bischof Dr. *Zephania Kameeta* aus Namibia schrieb mir einmal folgende Gedanken für eine gemeinsame Veranstaltung in Köln, die mich sehr beeindruckten: „Im zentralen und südlichen Namibia kann es im Winter empfindlich kalt werden, manchmal bis zu fünf Grad minus! Fast jeden Winter passiert es, dass ein oder mehr Menschen durch Unfälle mit offenen Feuerstellen in ihren Hütten verbrennen. Andere erfrieren, weil sie der Kälte schutzlos im Freien ausgeliefert sind. Die Tage sind kurz und die, die kein Auto besitzen oder sich kein Taxi leisten können, müssen nach der Arbeit auf dem Nachhauseweg lange Strecken zu Fuß in der Dunkelheit zurücklegen. Besonders für Frauen, Kinder und ältere Menschen ist das oft alles andere als sicher. Viele dieser armen Leute fangen sich ernsthafte Erkältungen ein, die manchmal auch tödlich enden. Es gibt keine Zentralheizungen, und Elektroheizkörper sind teuer.

Sie brauchen so viel Strom, dass sich ärmere Menschen das nicht leisten können. So ist der Winter für viele Menschen in meinem Land eine harte Zeit, die verbunden ist mit Leiden und Krankheit. Aber trotz all dieser schlechten Erfahrungen, die mit dem Winter verbunden sind, gibt es doch eine gute Seite. Der Winter gibt dem Land und den Menschen von Namibia eine äußerst notwendige Pause von der glühenden Sonne und Hitze. So arbeitet Gott mit uns: Wenn wir meinen, dass unser Leiden auf die eine oder andere Weise unerträglich wird, gibt er uns in Wahrheit eine stille Auszeit zum Nachdenken. Er zieht uns näher zu sich und zueinander, damit wir uns umeinander kümmern und Liebe und Wärme teilen. Wir werden getragen und erhalten durch unsere Gemeinschaft, durch Nähe, Wärme und Liebe – selbst über Kontinente hinweg. Der Winter führt uns zueinander auf der Suche nach einer Welt, in der es keine Blechhütten mehr gibt, in denen Kinder, Behinderte oder Alte verbrennen, oder in der Menschen im Freien erfrieren, während andere im gleichen Land und in derselben Welt sicher und bequem in Wohnungen mit Zentralheizungen leben."

> Bildner der Erde, der du schläfst im Fels und im Stein,
> der du atmest in jeder Blume und jedem Baum,
> der du träumst in jedem Tier
> von der Vollkommenheit deiner Schöpfung,
> wache auf in mir und in jedem Menschen.

Vom Segen der Ruhe

DER DOLMEN – EIN ORT DER KRAFT

Das wünsche ich dir:
Heilkraft und Segen fürs Leben.
Deine Schmerzen, deine Krankheit
mögen in die Tiefe der Erde versinken,
in felsige Böden, denn sie erdulden viel.
Das wünsche ich dir:
Heilkraft und Segen fürs Leben.

DER DOLMEN

Irland ist eine Insel der Ruinen. Ruinen sind jedoch nicht verlassen. Es sind Plätze voller Gegenwart, heilige Stätten. Wer in der Nähe einer Ruine lebt, für den ist sie auch heute von den Ahnen erfüllt, als würden die einstigen Bewohner immer noch in den scheinbar leerstehenden Ruinen verweilen. Ruinen, Stelen, gesetzte Steinzeugnisse sind der Abdruck der Seele eines Volkes. Wer über die grüne Insel fährt, entdeckt immer wieder eindrucksvolle Steinsetzungen, die aussehen wie Tische aus unbehandeltem Felsenstein. Der Dolmen – von bretonisch *taol* für Tisch und *maen* für Stein – ist eine große waagerechte Steinplatte. Sie wird von hochkantigen Steinsetzungen getragen. In der keltischen Tradition wurde der Dolmen als das „Bett von Diarmuid und Gráinne" bezeichnet. Die Legende besagt, dass *Gráinne Finn*, die einen keltischen Krieger heiraten sollte, sich in den Helden *Diarmuid* verliebt hatte. Das Liebespaar musste fliehen, und es bekam den Rat mit auf dem Weg, nicht länger als zwei Tage an einem Ort zu verweilen. So baute der Liebhaber Diarmuid nach und nach im ganzen Land Steindächer auf, damit seine Geliebte ja nicht unter freiem Himmel zu schlafen brauchte. So sind bis heute über das ganze Land die Dolmen verstreut vorzufinden.

Eindrücklich ist für mich der Dolmen *Poulnabrone* (irisch *Poll na Brón*, deutsch das „Loch des Mühlsteins" oder das „Loch der Sorgen"). Vor mir erstreckt sich eine weite, rissige und schroffe Felslandschaft, der *Burren* genannt, ein Plateau aus zerklüftetem Kalkstein. Der fast nackte Felsboden ist von vielen Furchen gezeichnet. Leblosigkeit und Verlassenheit strahlt dieser Ort aus. Er ist alles andere, nur keine „grüne Insel", eher eine Wüste aus Stein. Und auf diesem kargen Flecken Erde, so hatte ich mir vorgenommen, wollte ich Ruhe erleben. Hier, so wusste ich, würde ich das berühmte uralte Steingrab an der irischen Ostküste antreffen, eine vorgeschichtliche Grabkammer der Megalithkultur, errichtet vor 4000 bis 5000 Jahren. Dieser Dolmen besteht aus vier senkrecht aufgestellten Tragsteinen und einer Decke aus einem großen Stück Felsplatte. Schweigend betrat ich den felsigen Hügel, um die Ruhe des Ortes zu würdigen. Stand ich doch auf einem Boden, auf dem lange vor mir Menschen spirituelle Räume für ihre Toten errichteten, zu einer Zeit, als in Ägypten mit den Pyramiden der Totenkult seine Blütezeit hatte.

Für mich war es neu, an einem solchen Platz meine Flöte erklingen zu lassen. Zu fremd war mir der Umgang mit der Leere und der uralten Geschichte, zu abweisend die rissige Felslandschaft für mein Stück lebendiges Flötenholz. Ich setzte mich auf einen Stein, vor mir der Dolmen, eine Grabkammer, und schaute und hörte in die Burren-Landschaft hinein. Weit hinten das Meer.

AHNENLIED

Tief versunken
in Gedanken an meine Ahnen,
schaue ich ihre Werke,
die in mir erwachen,
Bilder, vor langer Zeit
in mich eingewebt.
Ganz in das Schauen vertieft,
öffnet sich mein Herz,
und ganz in die Tiefe schauend
entdecke ich mich.

Vom Segen der Musik

MUSIK UMGIBT MICH
WIE EIN HÜLLENDES KLEID

Gib dem Himmel Luft,
und es wird wirklich
und wahrhaftig Musik erklingen.

DIE KELTISCHE HARFE

Inmitten der ehrwürdigen Bibliothek des Trinity College in Dublin steht sie, die älteste irisch-keltische Harfe, ein prächtiges Musikinstrument. Wahrscheinlich stammt sie aus dem 15. Jahrhundert. Geschaffen ist sie aus Eichen- und Weidenholz und mit Messingsaiten bespannt. Eine solche Harfe war schon abgebildet auf einer Münze aus der Zeit von *Brian Boru*, dem Hochkönig von Irland vor tausend Jahren, und sie ist heute als Symbol in die irischen Euro-Münzen geprägt. Die Musik, die mit dieser Harfe gespielt wurde, ist verklungen. Für mich wartet sie darauf, dass eine neue Musik aus ihr heraus entsteht.

Die Klänge der keltischen Harfe sind so fein, so gelassen und so beruhigend. Sie fließen dahin wie das Grün der irischen Landschaft, sie berühren in mir die Saiten der Sehnsucht. Keltische Musik ist kein einzelner Ort, den ich besuchen könnte, sie ist nicht wie eine verlassene Klosterruine oder wie ein Steinkreis, den ich begehen kann. Sie ist allgegenwärtig. Für mich strahlen die alten keltischen Melodien einen Geist der Liebe und der Freiheit aus, der sich in mir einen Platz sucht.

In der Gegenwart großartiger Musik bleibt uns
keine andere Alternative, als edel zu leben.

Seán Ó Faoláin (1900–1991)

Musik ist eines der schönsten Geschenke,
die der Mensch der Erde brachte.

John O´Donohue (1956–2008)

Die keltische Harfe erinnert mich an eine überlieferte biblische Geschichte, die von der außergewöhnlichen Kraft einer Harfenmusik erzählt. Ein Hofberater des ersten Königs Israels wusste offenbar von der heilenden Wirkung der Musik. Saul, der König, war schwermütig veranlagt. Seine Ärzte konnten dem psychisch Kranken nicht helfen. Ein Hofberater empfahl, einen „Musiktherapeuten" kommen zu lassen. So kam der Hirtenjunge David an den Königshof und spielte für den König Musik mit seiner Harfe. Der Harfenklang erzeugte womöglich einen Raum der Leichtigkeit, der sich nur im Augenblick des Lauschens öffnet. Wenn ich selbst ein Musikinstrument spiele, begebe ich mich in eine andere Sphäre. Unsere menschlich geordnete Zeit beginnt sich aufzulösen. Beim Lauschen auf Musik machen wir uns auf zu einem Weg der Heilung, berühren scheinbar sogar die Tür zum Paradiesischen.

Ich bin fast sicher: In der keltischen Zeit wäre ich ein Barde gewesen, der seine Harfe spielte. Barden waren auch Dichter und Komponisten und in ihrem Tun zugleich Priester. Vermutlich hat einer der Barden ein Lyra-ähnliches Instrument mit vier Saiten gespielt – so wie der Hirtenjunge David. Die vier Saiten symbolisieren die Elemente Erde, Feuer, Luft und Wasser. Eine Legende erzählt, dass ein Barde kurz vor seinem Tod ein Lied über die Harfe schrieb, er wünschte diese Worte auf seinem weißen Grabstein:

> Möge das Lied meiner Harfe dir guttun
> wie ein Brunnen für deine Heilung,
> wie ein Funke für deine Leidenschaft,
> wie ein Wind für deinen Geist,
> wie ein Stein für deine Kraft.
> Sei wie der Fluss in meiner Musik,
> er entspringt aus Gottes Quelle,
> spiegle in dir die Sonne wie in einem blauen See.
> Sei wie die Energie eines jeden Tones,
> sie ist Feuer aus Gottes Geheimnis,
> leuchte wie der rote Mohn und brenne für Liebe.
> Sei wie das Schwingen jeder Saite,
> gehalten oben am Himmel und unten am Felsen,
> trage den goldenen Segen weit in das Land.
> Sei wie der tiefste Klang meiner Harfe,
> die ruhende Erde aus Gottes Weisheit.

Möge dein Leben sein wie ein Wind,
die tragende Kraft und Freiheit seines Spiels.
Möge dein Leben sein wie der Flug einer Möwe,
die heitere Gelassenheit im Wagnis des Fliegens.
Möge dein Leben sein wie der Klang einer Violine,
ein Raum des Schwingens und der Resonanz.
Möge dein Leben sein wie der Duft einer Lilie,
wahr und gelind, zart wie die Kraft deiner Liebe.
Möge sich der Geist vom Sohn des Lichts in dir erheben,
die Inspiration, die Hoffnung und der Traum.

MIT DEN OHREN DER SEELE

Immer wieder bin ich gern in der freien Natur, lausche ihrem Klang und Rhythmus, atme die reine Luft an einem See oder am Meer, lasse die Stille und das Licht auf mich wirken und antworte darauf mit den Tönen meiner Flöte. Wenn ich ihnen einen Ton zuspiele, antworten alle Räume, als seien sie selbst Instrumente. Immer wird dabei die Luft in Schwingungen versetzt, wie ich ja auch mit der Flöte eine Luftsäule in Schwingungen versetze, und die Schwingung setzt sich durch die Luft fort. Dabei höre ich mit den Ohren meiner Seele, als klopfte ich an, um Antwort zu bekommen. Was ich dann höre, spiele ich, ich blase meine Seele nach außen.

GLOCKENGRUSS EINES IRISCHEN MÖNCHES

Müde bist du, meine Glocke,
ich hänge an deinem Seil,
viele Menschen warten
auf dein Geläut und Geleit.
Wundersame Musik sind meine Glocken,
Gebet in Gottes Ohren,
froher Klang für traurige Herzen.
Und die Engel im Hause Gottes,
die singen und tanzen im Takt deines Spiels.
Läute und läute, meine Glocke,
zu Ehre und Lobpreis des Schöpfers,
damit alle es hören,
dein Pochen an die Pforte zum schönen Paradies.
Gottes Segen soll in dir schwingen,
und möge das Gericht des Himmels
dich und mich verschonen.

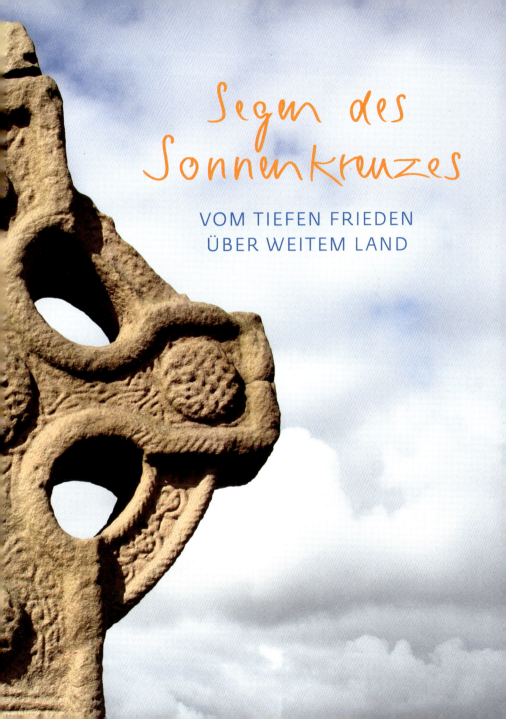

Segen des Sonnenkreuzes

VOM TIEFEN FRIEDEN ÜBER WEITEM LAND

> Auf, auf, du Sonnenlicht!
> Erheb dein göttlich Angesicht!
> Es naht, es naht dein Purpurball,
> das Ebenbild Gottes im Weltenall.
> Ergieß dein Licht über Berg und Tal.

DAS KELTISCHE KREUZ

Die irischen Hochkreuze stehen seit Jahrhunderten auf grünen Wiesen, am Wegesrand, auf Plätzen, versteckt in Steingärten, auf Anhöhen, auf Friedhöfen und in alten Klosterruinen. Sie sind einzigartig. Es war Brauch schon zur Keltenzeit, an Gräbern oder heiligen Stätten drei bis vier Meter hohe Kreuze zu errichten. Der Stil ihrer Gravuren war von den filigranen Ornamenten der Bronze- und Goldschmiede inspiriert. Erstmals sah ich die Hochkreuze in den Überresten der altertümlichen Klostersiedlung *Clonmacnoise*. Der Name bedeutet „Die Wiese der Söhne von Nois".
Das ist das Erkennungsmerkmal des keltischen Kreuzes: Ins Zentrum des Kreuzes ist ein Kreis eingearbeitet. So wird auch volkstümlich vom Sonnenkreuz gesprochen. Darin verbinden sich zwei Kulturen, die frühe keltische Kultur mit ihrer Stein- und Sonnenverehrung und die junge Zeit des Christentums. Erde und Kosmos vereinen sich im Ganzheitszeichen des Weltenkreises. Das keltische Christentum verband die Naturreligion der Vorfahren, die Verehrung des Sonnengotts, eng mit christlichen Anschauungen.

Das Auge des großen Schöpfers,
das Auge der unendlichen Zeit,
das Auge des Königs aller Mächte,
das Auge des Ursprungs der Weisheit
über allem, was lebt, es strahlt über uns auf.

Ehre sei dir, glanzvolle Sonne,
du Auge des Geistes aus Gott über allem, was lebt.
Du strahlst über uns auf jeden Tag, jedes Jahr.
Du strahlst über uns auf zärtlich, in Fülle.

Gerne verweile ich an Sonnenkreuzen, so vollendet sind sie in ihrer Form. Die Proportionen in Höhe und Breite des Kreuzes im Verhältnis zum Kreis im Schnittpunkt des Kreuzes sind genau aufeinander abgestimmt – als würde sich der menschliche Körper darin wiederfinden. Dieses Wissen wurde von Generation zu Generation weitergegeben. Das Sonnenkreuz hinterlässt einen bleibenden und strahlenden Abdruck in meiner Seele. Es ist das christliche Bild der Lebenserneuerung und Lebenserfüllung. Nicht das Bild der Passion, sondern Erlösung und Vollendung stehen in seinem Zentrum. So wird das alte irische Sonnensymbol zum Träger einer Friedensbotschaft heute: Trage das Bild der Liebe in die Welt.

Möge das Licht der Sonne bei dir sein,
Wärme außen und Wärme innen.
Möge das Licht dein Antlitz erhellen,
damit dein Herze lacht.
Möge die Freude aus deinen Augen strahlen
wie brennende Kerzen,
die in zwei Fenstern einer Hütte stehen
und einen Wanderer, der draußen vorbeikommt,
einladen, dein lieber Gast zu sein.

SONNENSEGEN

Und noch ein Geheimnis entdeckte ich: Die Sonnenkreuze stehen da, sie sagen nichts, sie tun nichts. Sie sind einfach da. Und das seit Jahrhunderten. Scheinbar nutzlos. Wer alles ging an ihnen vorüber? Was haben Menschen dort abgelegt und möglicherweise an Kraft mitgenommen? Nach längerem Betrachten möchte ich es ihnen gleichtun, nichts sagen, nichts tun, einfach da sein wie eines der Sonnenkreuze. Was werde ich alles wahrnehmen? Was werde ich ablegen und neu an Kraft gewinnen? Spüre ich um mich herum den Glanz der Sonne? Halte ich die Erfahrung mit meinem „Kreuz" aus? Im Schauen und Lauschen werde ich eins mit dem, was ich wahrnehme, ich vergesse mich darin. Denn tief innen vernehme ich die Musik meines Geistes. Es ist das Heilige in mir, das nie vergeht. Eine unbegrenzte Freiheit zeigt sich mir, zugleich eine Zufriedenheit und tiefe Freude. Dunkel verwandelt sich in mir in Licht. Ein spiritueller Ort der Wandlung.

Vor Jahren habe ich für mich ein Ritual für einen Sonnengesang entwickelt: Wendet euch allen Himmelsrichtungen zu und schickt eure Gedanken hinaus. Der Sonnensegen für den Erdenkreis knüpft an die Tradition der Kelten an.

Sonnengesang für den Süden
Wir schauen nach Süden, wo der Tag seiner Höhe nah ist.
Aufrecht stehen wir unter deiner Sonne.
Wir sind brennende Funken aus deinem Geist.
Du Glanz des Tages, schenke uns die Kraft der Inspiration.

Sonnengesang für den Westen
Wir schauen nach Westen, woher der Abend kommt.
Beim Blick in den Untergang der Sonne
ahnen wir die Kostbarkeit allen Lebens.
Du Stern des Abends, berühre uns mit deinem Glanz.

Sonnengesang für den Norden
Wir schauen nach Norden, wo die Nacht tief ist.
Du bist wie ein Fels unter unseren Füßen,
der verlässliche Grund.
Wir kommen aus deiner Ruhe
und finden am Ende Ruhe in dir.
Du Trost in der Dunkelheit, bleibe nah bei uns.

Sonnengesang für den Osten
Wir schauen nach Osten, wo der Tag anbricht.
Das Licht erhebt sich vor uns
wie ein schimmerndes Juwel.
Wir erwachen und stehen auf aus Nacht und Traum.
Du Stern des Morgens, lass uns das Neue empfangen.

SONNENGESANG

Willkommen, o Sonne, am Wendepunkt,
auf deinen Wegen in der Höhe des Himmels.
Stark ist dein Schritt in der endlosen Weite,
der Sternbilder frohe Mutter bist du.
Du versinkst im Ozean meiner Wünsche,
unbesiegt und unversehrt.
Du erhebst dich aus den friedlichen Wogen
wie eine Königin.
Leuchte tief im Herzen meiner Sehnsucht.

Gott segnete den siebenten Tag

DER SCHÖPFUNGSSEGEN

> Am siebten Tag vollendete Gott das Werk, das er gemacht hatte, und er ruhte am siebten Tag, nachdem er sein ganzes Werk gemacht hatte. Und Gott segnete den siebten Tag und heiligte ihn; denn an ihm ruhte Gott, nachdem er das ganze Werk erschaffen hatte.

Die Bibel: Genesis/1 Mose 1,31

IN EINER KLOSTERRUINE

Skellig Michael, eine Felseninsel, beherbergt eine Klosterruine von ganz besonderer Art. Die Insel besteht aus einem einzigen 210 Meter hohen Berg, 13 Kilometer im Südwesten der Küste Irlands vorgelagert. Von Lieblichkeit keine Spur, grau, karg, kalt, rau, stürmisch und von aufschäumenden Wellen umgeben. Nichts von grüner Insel. An diesem Ort haben sich vor etwa tausend Jahren Mönche zurückgezogen und lebten in Steinhäusern, die aussahen wie steinerne Iglus. Den Mönchen war wichtig, den siebten Tag der biblischen Schöpfungsgeschichte ernst zu nehmen. Die Bibel sagt: *Und Gott ruhte und segnete den siebten Tag der Schöpfung*. Sich ganz dem Nichts hingeben, sich der Stille aussetzen, sich dem Himmel nah fühlen, in sich Gott spüren: Das waren die Ziele der Mönche in dieser rauen unwirklichen Wirklichkeit.

*Mein innerstes Sehnen und Suchen ist,
den Glanz der Sonne in mir zu finden.
Mein innerstes Sehnen und Suchen ist,
das Antlitz Gottes in mir zu schauen.
Mein innerstes Sehnen und Suchen ist,
allen gegenüber voller Freude zu sein.*

11. Jahrhundert

LAUSCHE DER STILLE

Töne und Geräusche erleben wir in vielen täglichen Situationen: Der Wind fegt über die Felder. Die Wellen toben. Das Geflüster der Bäume. Die Regenrinne tropft. Das Wasser rinnt. Der rauschende Bach. Das laute Gewitter. Das Vogelgezwitscher. Der bellende Hund. Der krähende Hahn. Die singende Amsel. Das Gurren der Taube. Der quietschende Reifen. Der laute Streit. Der Rasenmäher. Der Gesang der Straßenmusiker. Die Glocke am Kirchturm. All das umgibt uns täglich. Töne. Klänge. Geräusche. Musik. Alle diese Töne brauchen Energie. Sie verbrauchen Kraft. Sie gelangen zu den Ohren. Wird das Ohr zum Widerstand? Oder wird es durchlässig, damit Tonwellen das Innere berühren können? Wird das Ohr sensibel für die Stille, gehörsam für die Stille?

Wenn wir unsere Arbeit beenden wollen, gebrauchen wir das Wort „Aufhören". Wir sprechen dann nicht von „Aufsehen". Tief in uns ist die Urerfahrung verankert, dass unser

Alltag vieles mit dem Hören zu tun hat. Und biblisch betrachtet: Wo immer Gott sich dem Menschen kundtut, wurde er gehört. Gott segnete den Sonntag. Der siebente Tag in Gottes Schöpfung ist zugleich der Tag der Stille. „Stille ist die Freundin der Seele." Ruhe können wir schaffen, Stille jedoch nicht. Stille ist anwesend. Ich kann einer Stille lauschen. *Joachim Ernst Berendt* bricht in seinem Buch „Nada Brahma" (1983) eine Lanze für die Welt des Hörens: Nicht nur „Gott, der Schöpfer, ist Klang, sondern auch – und dies vor allem: Die Schöpfung, der Kosmos, die Welt ist Klang. Die Welt ist Sound. Und: Klang ist die Welt. Aber auch: Klang ist Freude. Und sogar: Die Leere ist Klang. Und schließlich: der Geist und die Seele sind Klang." Für mich ist ein Satz aus dem biblischen Buch des Propheten Jesaja das Schlüsselwort, um die Seele für das Hören zu öffnen: „Höre, so wird deine Seele leben" (Die Bibel: Jesaja 55,3).

Den tiefen Frieden im schmeichelnden Wind,
den wünsche ich dir.
Den tiefen Frieden im Rauschen der Wellen,
den wünsche ich dir.
Den tiefen Frieden über dem stillen Land,
den wünsche ich dir.
Den tiefen Frieden unter den leuchtenden Sternen,
den wünsche ich dir.
Den tiefen Frieden vom Sohne des Friedens,
den wünsche ich dir.

DIE SEGEN AUS DER FROHEN NATUR

Segen der guten Erde mit dir,
Segen des rauschenden Meeres mit dir.
Segen des singenden Windes mit dir.
Segen der fruchtbaren Bäume mit dir.
Segen des frischen Wassers mit dir.
Segen der ruhenden Felsen mit dir.
Segen der unzähligen Sterne mit dir.
Siebenfacher Segen komme über dich
und über alles, was du liebst.

FLÖTENFRIEDEN

Möge der Friede mit dir sein
wie der sanfte Klang einer Flöte,
Gott ist im Hauch ihres Spiels.
Möge das Lied dich begleiten
wie der Gesang einer Lerche in der Luft,
Gott ist im Wagnis ihres Fliegens.
Möge der Ruf der Flöte dich berühren
für Frieden und Heil unter allen Wesen,
Gott ist ihr Schutz und ihr Schild.

ZU DEN MUSIKSTÜCKEN DER CD

Diesem Buch ist eine Audio-CD mit Musikmeditationen von Hans-Jürgen Hufeisen beigegeben.

Musik, Bearbeitungen, Blockflöten: Hans-Jürgen Hufeisen
Streicher: Pegasus Quartett
Klavier: Joachim Reinhuber
Klavier Nr. 6, 7: Christoph Fankhauser
Cembalo: Thomas Strauß
Stimme: Heiner Klaus
Akkordeon: Annegret Cratz
Tonstudios: avalon-music.ch / gammarecording.ch
Cover-Design: Angelika Kraut, Verlag am Eschbach

Titel – instrumental:
1. Mein Traum als des Himmels Leuchten tief in mir — 3:46
2. Lichtstrahl, mein fröhlicher Begleiter — 3:00
3. Mond, du schreitest am Himmel — 3:51
4. Ewig leuchtet das Grün der Blätter — 3:36
5. Mein Herz brennt für dich — 3:40
6. Steinkreis — 4:48
7. Taula und Dolmen — 3:44
8. Im Sonnenlicht — 3:50
9. Mach licht das Herz — 4:48
10. Der weiße Stein — 3:39
Gesamtzeit 40 Minuten

he 1075 ©und ℗ 2020 © dolce musica edizione, Zürich www.hufeisen.com
LC 10867 / SUISA

Quellen:
Nr. 1 nach Loch Lomond, 1841, Schottland | Nr. 2 Über einen keltisch-schottischen Hochlandburschen | Nr. 3 nach irisch-keltischem Nachtgesang | Nr. 5 nach dem Troubadour Perrin d'Angicourt ca. 1260, bretonisch | Nr. 9: nach Feenlied von den Hebriden | Nr. 10 nach einer kymrischen Melodie

HANS-JÜRGEN HUFEISEN

ist Blockflötist, Komponist, Arrangeur, Choreograf: 1954 geboren, wuchs er bis 1972 im Kinderdorf Neukirchen-Vluyn auf, studierte Blockflöte, Musikpädagogik und Komposition an der Folkwang-Musikhochschule Essen und war in den Jahren 1977 bis 1991 als Referent für musisch-kulturelle Bildung der Evangelischen Landeskirche in Württemberg tätig. Seit 1991 arbeitet der Künstler freischaffend und lebt in Zürich. Regelmäßig erscheinen von ihm CDs mit meditativer Musik im Verlag am Eschbach, unter anderem:
Jahreszeiten des Herzens (334-0)
Tröstliche Zeit (335-7)
Zeit für die Seele (098-1)
Zeit zum Aufblühen (099-8)
Zeit für Träume (219-0)
Weihnachtszeit der Wunder (220-6)
Weihnachtszeit der Lieder (440-8)
Taumond (100-1)
und viele andere

Im Internet: www.hufeisen.com

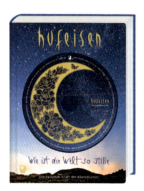

Hans-Jürgen Hufeisen
Wie ist die Welt so stille
Die heilende Kraft der Abendlieder
Eschbacher Musikbuch (Buch mit Audio-CD)
ISBN 978-3-86917-679-6

Hans-Jürgen Hufeisen
Vierzehn Engel um mich stehen
Schutzengel und andere himmlische Boten
Eschbacher Musikbuch (Buch mit Audio-CD)
ISBN 978-3-86917-758-8

BILDNACHWEIS

S. 2–3: Dingle-Halbinsel: Killarney Nationalpark Gap of Dunloe, County Kerry
S. 4: Hans-Jürgen Hufeisen im Rundfort Dún Aengus, Inishmore, County Galway
S. 8–9: Gallarus Oratory, Oratorium der Iroschottischen Kirche, Dingle-Halbinsel,
 County Kerry (alantobey / iStock)
S. 12–13: Nähe von Fahan unweit vom Gallarus Oratorium
S. 19: Gougane Barra, Forest Park, westlich von Macroom, County Cork
S. 22: Schwäne auf Lower Lough Erne, nahe Devenish Island, Enniskillen,
 Nordirland County Fermanagh
S. 24–25: Dunluce Castle, County Antrim (Nordirland) (kilhan / iStock)
S. 27: Aufstieg zum Skellig Michael, irische Westküste vor Portmagee, County Kerry
S 30: Rosserk Abbey, Killala, County Mayo
S. 32–33: Auf dem Wanderweg von Black Valley nach
 Brandon`s Cottage am Upper Lake, Killarney
S. 37: Gougane Barra, im Forest Park, westlich von Macroom, County Cork
S. 40–41: Moorlandschaft Doo Lough, nahe des Sheeffry Hills, Glenummera, County Mayo
S. 48–49: Kenmare Steinkreis, County Kerry
S. 58–59: Domen Poulnabrone, Burren, County Cavan
S. 62: Flötenspieler, Gravur am Cross Of The Scriptures, ca. 9. Jahrhundert in der
 Klosteranlage Conmacnoise, County Offaly
S. 64–65: Keltische Harfe auf einem Grabstein, Friedhof Kirchenruine Dysert O'Dea,
 nahe des Ortes Corofin, County Clare
S. 68: Die vier Evangelisten-Symbole, Book of Kells, Fol. 129 V.
S. 72–73: Sonnenkreuz: South Cross, frühes 9. Jahrhundert, Klosteranlage Conmacnoise,
 County Offaly
S. 77: Dingle Halbinsel: Killarney Nationalpark Gap of Dunloe, County Kerry
S. 80–81: Skellig Michael, irische Westküste vor Portmagee, County Kerry
Alle Fotos, die nicht anders nachgewiesen sind: © Hans-Jürgen Hufeisen

ISBN 978-3-86917-834-9
© 2020 Verlag am Eschbach
Verlagsgruppe Patmos in der Schwabenverlag AG, Ostfildern
Im Alten Rathaus/Hauptstraße 37
D-79427 Eschbach/Markgräflerland
Alle Rechte vorbehalten.

www.verlag-am-eschbach.de

Gesamtgestaltung des Buches: Angelika Kraut, Verlag am Eschbach
Kalligrafierte Schriftzüge: Ulli Wunsch, Wehr
Covermotiv und CD-Label: © Hans Jürgen Hufeisen
Herstellung: Finidr s. r. o., Český Těšín
Printed in the Czech Republic

Dieser Baum steht für umweltschonende
Ressourcenverwendung, individuelle Handarbeit
und sorgfältige Herstellung.